오늘의 섬

창조문예
시 선
011

권은영 시집

오늘의 섬

창조문예사

 시인의 말

세상의 망망한 바다
작은 섬 하나
저 아슴한 길을
하늘의 등대를 푯대로
오늘도
한 걸음 한 걸음 가고 있네

항상 격려해 주신 최규창 주간님, 그리고 출판해 주신 월간『창조문예』임만호 회장님과 수고하신 편집부 직원, 해설을 주신 임영천 교수님께 감사를 드립니다.

2024년 10월 10일
권은영

 차례

시인의 말 · 5

1부_ 그대 앞에서

손 씻기	13
눈꽃	14
일상日常	16
그대 앞에서	17
시화전	18
아름다움	19
봄비 · 1	20
봄비 · 2	21
씻어내기	22
감사	24
대나무 · 1	25
대나무 · 2	26
저녁 안개	27
세월 속에서	28
어두움 속에서	30

2부_ 마음의 길

길의 끝	33
오늘의 섬	34
마음의 길	36
담쟁이덩굴 앞에서	38
벚꽃길	40
눈이 내린다	42
오늘의 일상	43
보이지 않는 손길	44
빛의 사랑	46
눈 오는 날	47
벽앞에는 문門이 있다	48
풍경소리	49
길 위에서	50
지진 이후	52
친구여 창문을 열어라	54

3부_ 시간의 장터

숲	57
검은색과 흰색의 자리	58
시간의 장터	60
나팔꽃	62
대학가 봄축제	64
늦가을 들녘의 풍경	66
철든 때	67
오솔길의 추억	68
유월의 아카시아꽃	70
먼지 속의 세월	71
코스모스	72
찻잔 속의 이야기	74
지는 별똥별	76
일출	78
봄이 오는 소리	79
파를 다듬으며	80

4부_ 어느 이야기

동백꽃	83
하루살이	84
어느 이야기	86
수평선·1	88
수평선·2	90
망초꽃	92
덩굴장미	93
사부모곡思父母曲	94
비의 반란	96
찻잔 앞에서	97
시를 사랑한 여인	98
귀가길	100
아쉬움	101
바람의 순간	102

시 해설

'시인은 위대하다'는 깨달음에 이르게 한 시편들_ 임영천 • 103

1부
그대 앞에서

손 씻기 • 눈꽃 • 일상日常 • 그대 앞에서 • 시화전
아름다움 • 봄비 · 1 • 봄비 · 2 • 씻어내기 • 감사
대나무 · 1 • 대나무 · 2 • 저녁 안개
세월 속에서 • 어두움 속에서

손 씻기

어느 누가
저 돌을 잡을 것인가
손 끝이 떨고 있다

작은 눈덩이가 굴러
지붕을 무너뜨리고
방울 물이 모여
강을 이루는 세상

세상 속에 더러워진 손
밤을 돋우어
씻고 또다시 씻어
새벽빛에
두 손 모아 말린다

눈꽃

하늘을 맴도는 몸짓은
하얀 망초꽃의 숨결인 양
사뿐사뿐한 걸음걸이
동화의 나라에 발을 딛는다

갈잎 진 자리마다
별꽃을 피워 놓고
붉은 뺨 아이들 불러
별춤을 추네

평생 이루지 못한 한으로
외로이 누운 무덤 위에도
수고했다 다독이며
꽃눈이 내린다

오늘 같은 날은
메마른 내 영혼도

고요히

은혜에 젖는다

일상 日常

파란 불에 가고
빨간 불에 서는
오늘의 평범한 일상을
세상의 어둠 속에서 보내고
깊은 밤에 홀로 깨어나
하늘의 우물 속 깊이
두레박을 내리고
두 눈 부릅뜬 세상의 어둠을
밤새도록 씻고 씻는다

그대 앞에서

그대 앞에 다가서면
가슴을 헤집는
하늘의 무게

세상 속의 어둠에 젖은 무게만큼
하늘의 무게는 늘고

세상의 어둠에 젖은 옷을
밤새도록 빨아
그대의 빛으로 말린다

시화전

시는 노래가 되고
꽃의 향기로 오른다

피어 오른
향기와 노래는
그대에게 드리는
제물이다

아름다움

꽃이 아름다운 것은
보는 마음이
아름답기 때문이다

네가 예쁜 것은
고요 속에
그 분의 섭리가
보이기 때문이다

봄비 · 1

세상 속에 내린 봄비는
대지의 마른 목을 축이고
깊은 잠 속의 생명들이
은총의 아름다움으로 깨어난다

내 마음속에 내린 봄비는
나의 마른 영혼을 축이고
사방四方 짓누르는
세상의 어둠을 씻어내어
사랑의 은총으로 일어난다

봄비 · 2

위로부터 오는 선물
땅이 목을 축이는 기쁨 속에
생명은 하품을 하고
여저기서 일어나
은총의 아름다움을 보여 준다
나의 마른 영혼도
두려움을 씻어내고
내재되어 있는 나를 추수려
사랑의 덧옷을 입는다

씻어내기

양파는 한 겹
다시 한 겹
껍질을 벗기면
벗길수록 흰 속살

나와 너
겉은 희고
속은 검은 군상들
문질러 씻는다고
희어지겠는가

말씀의 제단 위에 눕혀
날마다 씻어내고
내려놓고 내려놓아
빛으로 씻으면
어둠 한 점 없이
씻기려는가

늦은 밤에도
말씀의 물속에 들어가
깊숙히 찌든 어둠을
씻고 또 씻는다
양파 껍질을 벗기듯
흰 속살이 보일 때까지
씻고 또 씻는다

감사

감사에 색이 있다면
하얀색이려니
세상 속 이것 저것
말씀 속에 시리게 씻어
그대 앞에 말리고 말리네

쌓여있던 무거운 것들
모두 흘러 보내고

감사의 향기로 채워진
열리는 기쁨
흰 눈 쌓듯 쌓아
그대에게 드리고 싶네

대나무 · 1

나이테도 없이
곧은 몸으로
하늘을 이고 섰다

가득 찼던 속이
속울음에 녹아
바람이 지날 때마다
절절한 기도의 통로가 되었다

빈자리는 언제나
채울 수 있어
비움이 가장 부유함이다

비워져야 기도드릴 수 있음을
대숲을 지나는 바람이
살짝 일깨워 준다

대나무 · 2

하늘을 이고 서서
밤이면 달을 품고
비바람 불면
바람 손길따라
온몸 휘어도
버리지 않는 곧은 단심丹心

목이 곧아서
외로움인가
뼛속까지 비워
목숨 내려놓은
선비의 지조인가

이 땅의 어둠 위에
우뚝 우뚝 솟아나는
대나무들이
총칼 없이 지키는
빛의 세상을 꿈꾸고 있다

저녁 안개

저녁 안개가
태풍처럼 달려와
세상을 삼켰네

세상 속에 잠긴 내 눈
어느 사이
장님이 되었네

실로암에는
지금도
큰 손길 드리우리니

밤마다
마른 가슴 안고
그대 앞으로
나아가네

세월 속에서

서녘 하늘이 가찹게 보이는
오늘의 시간 곁에서
꺾이어 휘어진 세월
굽은 허리에 얹혀 있다

오전에 동네 한 바퀴
오후에 공원 한 바퀴
시간도 나이가 들어
휘청이며 따라오고 있다

환갑이 지나야
철들기 시작한다는데
서녘 하늘이 가찹게 보이는
시간 위에 서서
지난 세월들을 넘기고 있다

세월 속에서 익은 것을

거두어 드리는 계절
풍년이 아니어도
감사의 분깃에
설렘으로 밤을 지새고 있다

어두움 속에서

그믐밤의 길에서
어두움을 피하지 못하고
발목을 다쳤다

빛 속에서
빛의 고마움을 알까
빛의 전령은
검은 보자기 속
어두움이다

악은 선을
시련은 영광을
돕는 배필들

그 분의 사랑
선물인 것을
어두움 속에서
주워 담는다

2부
마음의 길

길의 끝 • 오늘의 섬 • 마음의 길
담쟁이덩굴 앞에서 • 벚꽃길 • 눈이 내린다
오늘의 일상 • 보이지 않는 손길 • 빛의 사랑
눈 오는 날 • 벽앞에는 문(門)이 있다 • 풍경소리
길 위에서 • 지진 이후 • 친구여 창을 열어라

길의 끝

어제는 종일 길을 걸었다
오늘도 쉼 없이 길을 걸었다
내일도 길을 가야 한다

아직껏
묻지 않았다
보이지 않는
길의 끝

누구나 두드리면
활짝 열리는
하늘의 문門은
길의 끝에서
기다리고
약속의 길을
따라가야 한다

오늘의 섬

오늘의 섬은
등 기댈 벗 하나 없이
홀로 서서
오늘을 보내고 있다

눈을 뜨면
칼 끝으로 서늘히 그은
세상의 냉정한 수평선
귀를 열면
갈매기 노래를 닮은
세상의 이명耳鳴

삶은 섬이다
망망한 안개세상
번뜩이는 비바람이 친구일까
아슴아슴 외로운 길을

등대를 바라보고 가듯
고독한 걸음으로
하늘의 등대를 바라보고 간다

마음의 길

저녁노을에 흔들리는
나목裸木의 잔가지가
서럽게 서서
겨울날의 길을 본다

걸어온 길이 꽃길만인가
덩굴길과 돌밭길
봄길과 가을길을 지나
이제 마음의 길을 간다

평화와 사랑의 길을
한 걸음 한 걸음 다가가면
어둠이 사라지고
빛의 길이 훤히 보이려니

세상의 길은
영원할 수 없으나

마음속에서
빛으로 만든 길은
끝이 보이지 않는다

담쟁이덩굴 앞에서

검은 돌벽 틈새
실핏줄 감아
벽을 안고 몸부림으로 오른다

유월의 향기 도는 바람에
핏줄 엉킨 손 내밀어
담벽을 기어 올라
퍼렇게 다가와
서로의 손을 잡고
하늘의 길 위에 있는
담쟁이덩굴

가시 돋힌
너의 손을 잡은 한낮
아린 가슴으로
내려놓은 빈 마음
세상의 가파른 벽을

기어 올라가는 오늘
하늘나라로 가는
길 위에서
내 영혼이 안식을 누린다

벚꽃길

아침 창이 눈 부시다
어제까지 나목裸木이더니
밤사이 누가 팝콘을 터트렸나
별님이 흰구름 안고 와
구름이불 펼쳤는가
어둡던 길이 훤히 펼쳐지고 있다

먹물 같은 삶도
아침 햇살에 익은
윤슬 가르며
시리도록 펼쳐지는
서핑보드 물길 열듯
훤히 길이 보인다

밤을 뒤척여 기도로 여민
벅찬 가슴으로
흙을 밟고 일어나면

훤히 열린 길이
빛으로 다가오고 있다

눈이 내린다

하얗게 핀 꽃들이
창 밖을 서성이며
잠든 아기 다독이는
숨죽인 사랑으로
어둠의 세상 위에 내린다

비워진 가벼움
털어 낸 자유로움으로
여저기의 어둠 위에
부활의 꽃으로
하얗게 하얗게 피어난다

이 새벽에
아직도 잡초가 무성한
내 영혼의 어둠을 적시는
하늘의 눈물인 것을
이제야 깨닫고 있다

오늘의 일상

어제밤에 늦도록
무거워진 삶의 무게를 내려놓고
새벽에 일찍 일어나
가벼워진 걸음으로
빛의 길을 찾아
세상의 어둠 속을 오가다 보면
또다시 무거워지는 삶의 무게
오늘 밤도 늦도록 내려 놓는다

보이지 않는 손길

봄을 기다리는 마음
정들었던 고향집에 머물러
앵두나무 뒷뜰을 기웃거리는데

고개를 드는 새싹은
햇빛의 힘인가
볼을 간질인 바람 때문인가
어깨를 적시는 보슬비 때문인가

절벽을 걷는 이의 눈물을
새벽빛이 닦아주고
늦된 자가
먼저 된 자보다
사랑받는
신선한 오묘함

보이지 않는 손길에

장님같이 이끌리어
가고 있는 지금

그 안에
오래도록 머물고 싶은
소망 한 자락
계속 펼쳐 보이네

빛의 사랑

오늘 동행한 빛은
어둠 속에서
길을 열고
내 마음속에
보이지 않는 길을
훤히 비춘다

눈 오는 날

구름 사이로
눈이 내린다
나뭇가지 틈새로
눈이 내린다
세상의 여백餘白 위에
눈이 내린다

눈이 내리는 날
영혼의 여백餘白 위에
사랑을 심으면
그리움은
청보리로 자라고
그대 곁으로 가는 길을
살며시 열어준다

벽 앞에는 문門이 있다

어느 날 갑자기 앞을 막은
캄캄한 벽 앞
두드려도 열리지 않는
폐암의 문門 앞에서
"수술합시다"
"복강경으로 합니다"
"걱정 안 하셔도 됩니다"
다정한 목소리의 열쇠는
열리지 않는 문을 열고
어둠을 점령한 빛 속으로
걸어 나오는 환한 얼굴
보고 또 보고 있네

풍경소리

천년 고찰은
산허리에 우뚝 자리 잡고
동자童子가 든 빗자루 사이로
풍경소리에
이리저리 구르는
목련의 여린 날개들

베개 위로 흐르는
아린 풍경소리에
하루가 눕고
백팔배百八拜에 휜 허리
어머니 손길이 그립다

귀촉도 마저 잠들면
홀로 산사山寺를 지키는 풍경소리
동자는 밤을 뒤척여
내일의 길을
묻고 묻는다

길 위에서

그대에게 가는 길 위에서
지난 순간들의 이야기들이
꽃처럼 옹기종기 피어나고 있다

꽃의 계절인가 하면
갈대의 서걱거림에
모질게 살점이 베어나고
푸른 책장 위에 갈겨쓴
시간들의 독백들
마음 한 자락 한 자락 갈피들 속에
핏물 같은 세월의 몸부림

어느 계절에는
봄꽃도 피었으나
이제는 떨어진 꽃들이
길 위에서 붙들고 있다

항상 계시는
그대에게 가는 길 위에서
고요 속에 눈을 감는
마음 한 자락

지진 이후

수천만 겹 어둠에 싸인 무덤 속
드디어 참을 수 없는 질식의 벽
땅은 제 옷을 찢어
오늘의 세상으로 탈출하고

소돔성같이 무너진 도시들
검은 연기만 휩싸 안고
흑암의 세계로
칼날 같은 비명이 가라앉는다

울음은 몇 밤을 지새우며
기억의 벽에
핏물로 역사를 새기고

당신이여
긍휼히 보옵소서
광야에서 외치던

옛사람 가고 없는데

무릎 모아
바람같이 불어 올
타락한 우리 영혼들을
씻기울 광야의 소리를
가슴 쳐 귀 기울여야 하는
절절한 때인 것을

땅의 옷을
찢는 소리가
우리의 문 앞으로
가차이 다가오고 있다

친구여 창문을 열어라

지난날의 어둠을
눈물로 닦고
불면不眠의 밤을 건너면
아침이 오고
해가 솟아 오른다
친구여 창문을 열어라
밤새 싸운 빛이
어둠을 용서치 않고
은총의 약속은
무한한 빛을 싣고 오려니
잠 못 이룬 밤에
눈물 젖은 이불을 걷어내고
사방四方에 닫힌 창을
친구여 창문을 열어라

3부
시간의 장터

숲・검은색과 흰색의 자리・시간의 장터・나팔꽃
대학가 봄축제・늦가을 들녘의 풍경・철든 때
오솔길의 추억・유월의 아카시아꽃・먼지 속의 세월
코스모스・찻잔 속의 이야기・지는 별똥별
일출・봄이 오는 소리・파를 다듬으며

숲

하늘을 덮은
초록 우산
모두 꼿꼿하게 선
푸른 감격이네

이제는 야위어버린 세월
내 젊은 날의 초록 우산 속
초록빛 당찬 그 숨소리
붉게 다가왔으면
참 좋겠네

푸른 숲은
바람에 얼굴 씻고
향기로 피어난 꽃잎보다
가슴 설레는
꿈들의 향연이다

검은색과 흰색의 자리

검은색은 한 색이 아니다
이 색과 저 색의 모든 색이
어우러져 녹아
새롭게 태어난 창조색이다

벌거벗은 수치일지라도
허물 많은 가슴일지라도
모두를 품어 안고
치유하는
엄마의 마음을 품었다

향기로운 꽃들의 웃음도
비바람 천둥 번개도
검은색 속에 누워 있다

꽉 찬 색의 자리
마지막 끝 자리이다

흰색은 쥔 것을 모두 내려놓고
받은 것과 누릴 수 있는 것을
모두 내어준 빈 손이다

다시 시작할 수 있고
채울 수 있는 허허로운
시작의 마음이다
시작은 첫 번째 자리인 것을

흰색과 검은색은
시작과 끝을 일러주는 자리
우주의 진리를 담고 있다

시간의 장터

모란시장 오일장터에는
닭과 토끼와 강아지
울릉도 호박엿까지
만물상 장터다

시끌 대는 좌판 속을
까다로운 입맛 다시며
빈 손으로 지나면
시간만 구겨진 휴지가 된다

잠도 없이 두 눈을 부릅뜬
시간의 장터에서
세월노랠랑 내려놓고

도망가려는 빛살을 잡으려
핏줄을 세워 보았는가
세월의 문고리를 잡으려

손을 들어 보았는가

그 분의 지문이 찍힌
삶의 지도를 찾아
곧은 마음 앞세워
세상시장 속 시간의 장터에
등불 켜 들고 나선다

나팔꽃

아침을 깨우는 나팔소리
속울음으로 삼키고
청청한 목청 한올
낼 수 없는 한스러움에
눈물은 이슬되어
꽃잎술을 적신다

그리도 힘들더냐
안으로 안으로
제 몸을 감싸 돌아
종일 연민으로
오늘을 보낸다

한스러움 마름질하는
사연이야
어디 너만이겠는가

먼 고향 하늘
귀를 스치던 솔바람소리
나를 부를 부모형제
피 울음 엉겨 안고
세상을 건너가야 하는
무거운 걸음걸이

목울대 울리는 소리
거기 누구
듣고 있는가

대학가 봄축제

꽃비가 부드럽다
웃음소리가 꽃비 위로 구르고
푸른 빛의 함성이
깊은 잠 속의 세상을 깨우는데

진리가 너희를 자유케 하리라
네 부모를 공경하라
지붕 위에서 외치고 섰네

봄향기 스며 검은 눈동자들
영원한 진리 앞에
땀에 젖은 옷을 벗고
빛을 향해 옮기는 자욱마다
비둘기 날아 오르고
독수리는 날개치며
하늘 속 멀리 비상하네

빛이 꽃비 사이로
연둣빛 머리를 적시고
웃음꽃 가슴에 피어나고 있다

늦가을 들녘의 풍경

땀에 흠뻑 젖은 일손을
내려놓고 허수아비는
먼 산만 바라본다
피땀으로 기른 자식들
모두 떠나 보내고
뼈대만 남은 앙상한 뿌리
서럽게 외롭다

이제는
차가운 바람이
저 언덕을 넘고 넘어
서서히 다가오고
오늘은
화려했던 그날을
그리움으로 기다린다

철든 때

고개를 들고 다닐 때는
높은 빌딩의 창문만 보였다
여저기 피어난 들꽃 향기
가슴에 스미고
가을산을 불 지른 단풍이
내게도 불을 지피면
지난 날의 일들을
눈물의 회초리로 때렸다

오솔길의 추억

두견이 울음이 숨어
구름 손짓하는
오솔길을 지나
혼자 재를 넘는데
그림자 하나
이리저리 흔들며 따라간다

포성소리 하늘을 찢던 날
방공호를 들쳐 나와
아버지 걸음 밟으며
낯선 산마을로 울며 가던 길
참새도 부엉이도
울지 않았다

되돌아 북으로 쫓기던 북한군
피 흘려 절룩이며 휘둥거리는
전우들이랑 밀어내고

선한 마을 이장 앞세워
해를 가린 회리바람 몰고 가듯
넘어간 길

마음 착한 누군가
작은 표주박 하나 띄워 놓은
숲 사이 옹달샘을 지나는 길
뻐꾸기 날아들고 참새들 노래 속에
망초꽃 하얗게 피어 있다

유월의 아카시아꽃

산자락에
뭉게구름 둥실 떠 놀고
별들 불러 모으는
향기로운 유혹

파도처럼 밀려온 그리움은
향기로 다가와
그날의 꽃을 피운다

돌아오지 못할 길로 떠난
유월의 애절한 절규인가
아직도 못다한 사랑인가
흰 무리로 산자락에 일렁인다

유월에는 붉은 사랑
순백한 향기로 피어
새순처럼 부활하고 있는가
못다한 사랑을 피운다

먼지 속의 세월

그리운 고향에 갔다
칠십 년도 지나 만난
남자 동창생
이거 삼반세기 만이네
반갑다 정말 반갑다
그 후에 나온 말
그때 네가 우릴 제치고
일등 했잖냐
앙금으로 가라앉은
자존심 꺼내 놓고
먼지 속에 누운 세월을
오늘의 시간 위에
일으켜 세우고 있다

코스모스

하현달 어둑한 골목길에
가는 목 곧추세워
온몸 흔들어
외로움 달랜다

아지랑이 봄비 모두 외면하고
차가운 가을바람
삭막함 속에
꽃잎 터뜨리는 것은
내일을 향한 간절함 때문이다

절절한 기다림으로
등불 들고
대문 앞에 서서
밤 지새듯

밤은 새벽을 품고

가을단풍 겨울삭풍은
봄의 전령이려니

깨어 있으라
깨어 있으라
온몸을 흔든다

찻잔 속의 이야기

겹겹의 세월이 잠든
무거운 유리잔
짙은 커피의 모금마다
하나 둘 피어나는
이야기를 넘긴다

낯선 사람들의 물결
북적이는 이국異國의 거리
뜨거운 와인 잔을 들고
크리스마스 이브를 맞는
색 다른 까페에
마주한 중년의 여유러움

세월은 가고
그대도 가고
잔 속에 가득한 이야기
그리움의 향기로 핀다

그리움은 외로움이 되고
섞이고 얽혀 강물되어
푸른 하늘 지나
생명의 시냇가에
흘러가려니

지는 별똥별

핸드폰을 열어
이름을 더듬는
손끝이 떨린다

오랜 세월
가슴 깊이 박힌 옹이는
두 눈을 뜨고
파도치는 진동소리

어느 때일지
내 이름을 지울
누군가의 손끝의
푸른 정맥

그믐밤의 별똥별
찬란한 궤적의 지점들
내 눈은

그 틈 사이에 머문다

내일은 우리들 것이라고
손잡고 바라본
바람 불던 언덕 위에
그 찬란한 저녁 노을빛

천 만년 빛날 줄 알았던
별똥별이 떨어진다
긴 궤적을 남기며
이제는 줄지어 간다

일출

수평선 위에 검은 구름이
무리 지어 진을 이루고
질투난 사자처럼 섰다

해는 화사한 모습으로
시간 맞춰 달려와
마음 태우며 외롭게 맞선다

서로 말 못 할 사연 있었는가
해와 구름
숨찬 술래잡기 하더니
무슨 사연 잡혔는지
빨갛게 붉어진 얼굴
저리도 활활 달아 오르는가

봄이 오는 소리

나목裸木 사이 산수유 물오르는 소리
벚나무에 앉아 새들이 부르는 소리
담장 위 영춘화 훈풍따라 노란 꽃잎 터지는 소리
동네 아이들 이 집 저 집 사이로 숨바꼭질하는 소리
여저기 새 집을 찾아 이삿짐 나르는 소리
카톡에 꽃향기 실은 청첩장 들어오는 소리
우리 증손녀 옹아리 소리
옛적이나 지금이나 온 세상을 깨우는 소리

파를 다듬으며

파를 다듬다가 흰 뿌리를 본다
종이보다 얇은 껍질이
뿌리를 싸고 싸고 겹겹 싸서
곧은 몸으로 곧추세워
눈바람보다 매운 향 채워 놓고
흰 뿌리 속에 새겨 넣은
목숨같은 한마디
파뿌리 되도록 함께 잘 살아라
매운 향기로 피어 난다

4부
어느 이야기

동백꽃 • 하루살이 • 어느 이야기
수평선 · 1 • 수평선 · 2 • 망초꽃 • 덩굴장미
사부모곡思父母曲 • 비의 반란 • 찻잔 앞에서
시를 사랑한 여인 • 귀가길
아쉬움 • 바람의 순간

동백꽃

날마다 지새운 기다림은
허탈한 몸부림으로 지치고
옹이로 여물어
눈밭에 발을 딛고 서서
불꽃이 되었는가

낮달처럼 바랜 그리움이
붉은 꽃망울로 맺혔음인가
귀촉도의 눈물이
붉은 꽃망울로 맺혔음인가

어혈로 맺힌 그리움은
이대로 서서
불꽃으로 타오른다

오늘은 붉은 꽃으로 돌아앉아
오가는 이의 발걸음을
서럽게 잡는다

하루살이

내일이 없는 것은
쌓이고 쌓인 죄에
뒤덮인 이름
일어서지 못하고
깊은 잠에 누워 있는가

죄가 잉태하면
사망을 낳는 법

하루살이의 염원인
내일에 사는
많은 생명체들
죄지은 자에게
돌을 던질
죄 없는 자 있는가

하루가 백 년이고

백 년이 하루 같게
살 수는 없는 것인가

어느 이야기

봄비 소리에
논마다 모를 심고
사랑을 심었다

모진 흉년에
허리는 휘고
빈 항아리에
먼지만 한 켜 두 켜다

아카시아 꽃잎으로
밥그릇 소복이
귀 떨어진 밥상에 드리는
눈물 한 상

어느 날인가
고운 사랑을 담은
한 가마니 흰쌀

이야기는
역사가 되어
세월이 실어 나르고
사랑은
새 날을 엮어 간다

수평선 · 1

푸른 선 하나
하늘 보고 길게 누워
밤이면 샛별을 불러
불기둥으로 세우고
낮이면 구름을 불러
구름기둥 띄워
어둠 속의 길을
훤히 일러준다

밤사이
옥동자 하나 낳아
하늘에 용사로 들어 올리니
자지러지는 붉은 사랑으로
모두를 감싸 보듬는다

수평선은
하늘과 바다를 손잡고

서로 다른 세상을
다툼 없이 포용하는
평화의 3·8선이다

수평선 · 2

수평선 너머엔 공룡이 사는 걸까
무쇠를 두드려 만든 배들도
슬며시 삼키고
긴 하품을 하면
뿜어내는 숨결 따라
바다는 서슬 푸르게 출렁이고
바람도 슬며시 갈매기 날개에 오른다

바다는 다산多産하던
여인의 혼백을 품었는지
매일 만삭이 된 배가 차오르면
붉은 옥동자 하늘에 띄워 놓고
허기를 참지 못하는
거스를 수 없는 대식가
품속의 그 많은 어종魚種을
어찌 다 먹었는지

바다도 과식을 하고
아플 때가 있다
밤마다 신음 토해 호소한다
과식하지 말라고
명예든 황금이든
과식하지 말라고
넌지시 일러 준다

망초꽃

풀숲 어지러운 사이사이
밤사이 별들 총총히
사랑을 숨겨 놓은
긴 이야기
아침 이슬로 씻어 해맑은 얼굴

지나던 발길들
마음 들고 서성이며
영원을 염원하여
순간들 매어놓고

눈을 돌려 보아도
치장하지 않은 순수함이
는개 내리듯 깊이 젖어 들어
거슬렸던 얼굴들에도
다정한 눈인사
나누고 싶다

덩굴장미

파랗게 맑은 날
붉은 염원 하나
우리 집 울타리에 걸려있다

어릴 적
백자 화병에 꽂아 두고
화려한 향기 속에 잠들었던
그리운 고향집

잘되는 일에도 암초가 있고
곧게 가다 넘어질까
가시 송송 심어 놓은
핏물 같은 사랑
붉게 핀 엄마의 눈물

사부모곡 思父母曲

빈터 기독교묘원 산자락
바람꼬리 말아 감추고
별들이 모여 소곤거리며
벌들이 집을 지은 자리에
아버지 어머니 유택도 지었네
아버지 좋아하시던 향나무를 심고
어머니 좋아하시던 개나리 울도 쳤네

형제간에 화목하거라
아버지 말씀이
향나무 잎새 위에 피고
남의 것은 지푸라기도 갖지 마라
어머니 말씀은
개나리 꽃 위에 피네

앉으실 틈 없이
오 남매 기르신 부모님

귀밑에 서리 내리고야
가슴 메여 타는 그리움
눈물로도 씻기지 않는
사모의 정이 아리네

비의 반란

버들잎 푸른 꿈을 다독이는
보슬한 숨결이었다
어느 사이
허기진 사자의 울음을 닮아
요란스레 울더니

어제는 강물이
쏟아졌다
오늘은 숨 멎은
바다가 쏟아졌다

지하 주차장 검은 비의 반란은
닻 없는 배들이 뜨고
무너진 흙더미 사이로
피울음이 쏟아졌다

비의 검은 꼬리에
통곡이 묻어 오른다

찻잔 앞에서

모두 떠난 시간
차 한잔 놓고 앉는데
마음은 서성거려
찻물에 입술을 데이고
그림자 하나
차 향기 속에 마주하네

봄이 오가고
가을이 오가고
꽃은 피고 지고
피고 지는데
차 향기 속에 마주한
그림자 하나
꽃처럼 피어오르네

시를 사랑한 여인

창문으로 들어온 하늘에
시를 쓰고 꽃을 노래하는
시와 친구하며
암과 뒤척이던 나날들

얼굴 본 적 없어도
시 속에서 만난
언어를 잃어버린 여린 여인

검은 비 내리던 날
꽃잎은 비바람에 떨어지고
단풍 들기 아직 먼 오월
푸른 잎 폭우에 찢어졌다

두고 간 여행지의 긴 이야기는
시가 되고
그리운 이들과 나눈 사랑은

노래가 되어
빛난 보좌 앞에
영광 높여 드리리라

삶은 머뭇머뭇하기엔 너무 짧아
웃고 울며 잡은 시간들은
백합화 같은 은혜
시 속에 속삭임이
함께 울먹인다

귀가길

노을을 먹고
차오른 달
빛을 더하는 시간에
새는 빛을 물고
둥지로 가고
오리 가족들
귀가하는 길

오늘의 무거운 짐을
내려놓고
빈 손을 저으며
그대 그리워
웃음 한 송이 안고
정한 걸음으로 나선다

아쉬움

친구들 도란도란 모여
한 상 가득히
들뜬 이야기 차려서
오미자차까지 마시고
댓돌 아래 내려섰는데
찰흙 속에 발목 잠겼는가
서성서성 머뭇대는 것은
아직도 떠나지 못한
바람 때문인가

바람의 순간

싸늘한 바람
한줄기 지나갔다
열린 문 탓이려니
일기장 덮듯이 지나쳤다

못 본 사이
손자 녀석 바람을 몰고
휙 지나갔다

내 뇌리 속에
열린 문 탓이라는 각인
노인 무릎 세우듯
세우는 옹고집 속에
지나간 바람을
만나러 가고 있다

 해설

'시인은 위대하다'는 깨달음에 이르게 한 시편들
— 권은영의 두 번째 시집 『오늘의 섬』

임영천 (문학평론가·조선대 명예교수)

 권은영 시인의 제2시집 『오늘의 섬』이 나오게 된 것을 기쁘게 생각한다. 권 시인은 3년 전(2021)에 처녀 시집 『길 위에서』를 펴내 놓은 바 있다. 그로부터 정확히 만 3년 만에 이 제2의 시집을 펴내게 된 것이다. 빠르다면 빠르다고 볼 수도 있고, 또 늦다면 늦다고 볼 수도 있을 '만 3년'이란 기간에 말이다. 이렇게 표현해 보기는 했지만, 이 3년이란 기간이 권 시인에게는 결코 늦다고 할 수 없는 기간인 것만은 확실한 것 같다. 권 시인은 70대의 연세(75세)에 늦깎이 시인으로 등단하였고, 지금은 80대의 연배에 속해 있는 연만年滿한 문인이기 때문이다. 80대중반의 연배에 속한 문인의 창작 기력으로 보아서 3년이란 시간은 확실히 늦은 기간은 아닌 것 같다.

회고해 보면, 80대에 이르러 펴낸 제1시집 『길 위에서』에 처녀 시집이란 말을 붙이는 게 다소 어색하게 느껴지기도 할 것이다. 그러나 처녀 시집의 그 처녀는 생리적인 면에서 바라본 처녀가 아니라 어떤 업적의 처음[濫觴]이란 뜻으로 상용되어 왔으므로 전혀 어색할 이유가 따로 없을 것 같기도 하다. 어떻든 이제 그 처녀란 말을 떼어버려도 될 처지에 이르렀다. 처녀 시집은 그 자체만으로도 무겁고 부담감이 따르는 업적이라고 하겠지만, 이제 그 처녀가 떨어진 제2시집이 나오게 된 이상 그(권 시인)에게는, 이제부터, 따로 관록이란 게 따라붙게 되는 것 같다. 처녀 시집은 그 자체로 부담감이 뒤따랐지만, 그러나 이제 관록이 붙은 제2시집은 또 그 자체의 다른 이유로 부담감을 떠안게 될 것 같다. 이는 그만큼 작가(시인) 자신의 성장과 발전상을 보여주는 문학적 업적으로 비쳐질 수 있기 때문이다.

권 시인 자신의 술회에 의하면, 그는 시인(겸 아동문학가)인 권태영 오빠의 권유로 국문학을 전공으로 택해, 이화여대에 진학해 양명문, 김동명, 이태극, 안수길 등 한국 문단에서도 그 이름이 쟁쟁한 교수들로부터 배웠다고 하였다. 앞의 두 분, 곧 양명문과 김동명은 시인들이었으며, 그 다음 분 이태극은 시조시인, 그리고 마지막 분 안수길은 소설가로 이름을 날린 분들이었으니, 그들로부터 문학을 배운 권 시인의, 문학에 대한 학문적(또는 예술적) 바탕이란 것이 매우 튼실했을 것임은 두말할 필요가 없을 것이다.

그는 "사는 동안 딴 길에서 서성이었으나 이제야 스승님들께서 이끌어 주셨던 길에 순종하는 것 같다."고 자신의 늦은 발걸음에 대하여 한편은 후회스럽고, 또 한편은 송구스럽다는 마음을 피력하고 있음을 보면, 그의 문학적 순수성이 절로 느껴져 온다고 할 수 있다. 여기에다 대학 재학 시절에 익힌 기독교 진리, 아니 오늘에 독실한 크리스천의 눈으로 사물의 안팎을 들여다보는 예리한 안목 등이 그의 시세계 전반을 지배하고 있지 않나 여겨진다.

    양파는 한 겹
    다시 한 겹
    껍질을 벗기면
    벗길수록 흰 속살

나와 너
겉은 희고
속은 검은 군상들
문질러 씻는다고
희어지겠는가

말씀의 제단 위에 눕혀
날마다 씻어내고
내려놓고 내려놓아
빛으로 씻으면
어둠 한 점 없이
씻기려는가

늦은 밤에도
말씀의 물속에 들어가
깊숙히 쩌든 어둠을
씻고 또 씻는다
양파 껍질을 벗기듯
흰 속살이 보일 때까지
씻고 또 씻는다

—「씻어내기」 전문

「씻어내기」란 시의 전문이다. 이른바 '양파껍질 벗기기'의 체험을 시적으로 형상화한 작품이라고 볼 수 있다. 양파껍질을 벗기면 벗기는 이가 다소 고통스러운데, 이유는 그것의 독한 기운이 밖으로 뻗쳐 올라와, 벗기는 이의 눈알을 아리게 하기 때문이다. 그러나 그 일을 하는 이는 그 기운이 독하다고 해서 그 일을 그만둘 수 없다. 그 일을 해야 할 무슨 의무가 그에게 주어져 있기 때문이다. 그러나 그 의무나 목적이 무엇이든 간에 그 일을 하는 동안 그 일의 종사자는 알게 모르게 기쁨을 느낀다. 그 기쁨은 무슨 큰 것(기쁨)이라곤 할 수 없다. 그 일의 결과가 또 무슨 큰 업적이라도 되는 양 누구로부터 칭찬받을 일이 되지 못하니까…. 그러면서도 그가 자그마한 기쁨이나마 느끼게 되는 이유는 무엇인가. 까면 깔수록 그 깊은 속살이 더욱 투명하고 선명하게 느껴져 오기 때문에 그것의 오묘한 속을 미처 알 수 없는 속인은 그 속[內] 세계를 더욱 알고 싶어서도 그 까는 작업에 몰두할 수밖에 없다. 그렇다고 결과적으로 무엇이 꼭 나오는가? 그것도 아니다. 그러면서도 자꾸 까는 작업에 몰두하게 되는 이유는 무엇일까.

　이 깊은 의미가 마치 신앙인의 내면세계와도 어떤 면으로라도 관련된다고 한다면 어폐 있는 말일까? "겉 희고 속 검은 이는 너뿐인가 하노라."라고 하는 어느 시조의 시구가 있기는 하지만, 적어도 양파의 속살만은 흰 색깔 그대로이지 이 시조의 시구마냥 그 속이 검을리는 없을 것이다. 그래서 어느 누가 양파를 두고 "겉 희고 속 검은 이는 너뿐인가 하노라."라고 말했다면 아마도 그 양파는 그 사람을 향해 "당신 미친 것 아니요?"라고 거센 항의를 했을 것이다.

그렇지만 위 시조의 시구에서 보듯, 인간(만)은 '흰 겉'에 '검은 속'을 지닌 이들이 분명히 있다는 사실을 우리는 생활 경험으로 보아 확실히 알고 있다. 그래서 시인은 말한다. "나와 너 / 겉은 희고 / 속은 검은 군상들 / 문질러 씻는다고 / 희어지겠는가"라고. 인간은 근본적으로 죄인이란 사실을 전제로 한 말이다. 그러니 아무리 씻는다고 깨끗해지겠느냐는 뜻이겠다. 또 아무리 열심히 기도한다고 해서 '그 공로로' 죄과가 완전히 씻어질 수 있겠느냐는 뜻이기도 하겠다.

그래서 달리 이렇게 시도해 보는 수도 있을 것 같다. "말씀의 제단 위에 눕혀 / 날마다 씻어내고 / 내려놓고 내려놓아 / 빛으로 씻으면 / 어둠 한 점 없이 / 씻기려는가"라고…. 우리의 죄라고 하는 그 제물을 말씀이란 제단 위에 눕혀 씻고 또 씻어낸다고 해서 그게 완전히 씻겨질

리 만무하고, 또 제단 밑으로 내려놓고, 마치 어물전에서 보게 되듯, 씻고 또 씻어 본다고 해서 그것이 한 줌의 흔적 없이 씻겨 없어지겠는가, 라고 시인은 암암리에 질문한다.

이리저리 해 봐도 미적지근한 것을 또 다른 방법으로 해결해 보려고 노력해 보기도 한다. "늦은 밤에도 / 말씀의 물속에 들어가 / 깊숙이 찌든 어둠을 / 씻고 또 씻는다 / 양파 껍질을 벗기듯 / 흰 속살이 보일 때까지 / 씻고 또 씻는다" 심야에 말씀의 심연(물속)에 빠져 들어가 죄와 그 속죄에 관해 알아보기 위해 양파 껍질 벗기듯 우리 허물을 씻어보려고 하지만 역시 그 일은 어려운 일일 뿐이라고 하면서, 씻어내기에 왕도는 없고 오직 주님의 은총으로써만 이루어질 수 있는 게 아니겠는가, 하는 뜻을 담아 여전히 깊은 양파 속 같은 묵언默言의 답을 보여주려고 하는 것이다.

이하에서는 「봄비」라는 제목의 시를 들여다보고자 한다.

    세상 속에 내린 봄비는
    대지의 마른 목을 축이고
    깊은 잠 속의 생명들이
    은총의 아름다움으로 깨어난다

내 마음속에 내린 봄비는
나의 마른 영혼을 축이고
사방四方 짓누르는
세상의 어둠을 씻어내어
사랑의 은총으로 일어난다 　—「봄비·1」전문

위로부터 오는 선물
땅이 목을 축이는 기쁨 속에
생명은 하품을 하고
여저기서 일어나
은총의 아름다움을 보여 준다
나의 마른 영혼도
두려움을 씻어내고
내재되어 있는 나를 추수려
사랑의 덧옷을 입는다 　　—「봄비·2」전문

  일반적으로 비雨는 동식물들에게나 인간들에게 고마움의 대상이지만, 그러나 어떤 때는 두려움의 대상이 될 경우도 없지 않다. 그 정도가 심하여 폭우의 형태로 바뀔 때는 동식물들이 그 폐해로 폐사되는 수도 많으며, 인간들도 그 직접적인 피해를 보는 경우 또한 허다하다. 유난히 비가 많이 내렸던 올해(2024)에 우리는 그 피해의 실상을 너무도 생생하게 목도했다.

비가 호우로 바뀌어 오랫동안 내릴 때에는 그 결과가 소위 홍수를 이루어 전통적인 가옥이나 생계유지를 위한 방편(시설) 등, 주민들이 아끼던 것들을 깡그리 뭉개버리는 참상도 발생해 선량한 주민들을 절망에 빠뜨리는 경우 또한 없지 아니하다. 성석제 작가(겸 시인)의 어느 산문집을 읽고 있었더니 이런 구절이 나타났다. '비 온 뒤'라는 제목의 글(산문)에서다. "낙동강의 발원지 가운데 하나인 어느 산 아래, 조용한 계곡 옆에서 소를 키우며 살던 농부가 있었는데, 그 산의 동서 지역에 큰비가 내려, 잘 키워 불하를 보름쯤 앞두고 있던 소 열 마리 가운데 여섯 마리가 축사를 덮친 계곡물에 휩쓸렸다." 그 뒤의 이야기는 너무도 참혹한 내용이어서 인용하기조차 두렵다.

영국 작가 A. J. 크로닌의 『천국의 열쇠』란 장편소설 속의 주인공 치셤 신부의 이야기도 그 단적인 사례로 덧붙여 제시될 법하다. 치셤 신부는 중국으로 발령이 나 그곳에서 사목을 하던 중 큰 물, 곧 홍수를 만나, 그가 부임한 후 힘겹게 다시 지어 놓은 성당마저 무너져 내린 사건이 일어났는데, 이를 읽어 나가는 독자들 모두가 너무도 안타까워서, 숙연해지지 않을 수 없는 독서 체험을 해 보았을 것 같다.

그러나 '비'라고 하여 모두 이렇게 복잡하고 두려운 체험의 대상만은 아니다. 권은영 시인의 「봄비」는 전혀 다른 모습으로 우리에게 안겨 오는 시편이라고 볼 수 있다. 이 시 제목에 나타난 '봄비'는 하나의 은유(隱喩, metaphor)이다. 봄비는 '위로부터 오는 선물'과도 같다. '위로부터 오는 선물'로 우리에게 주어진 것이 현상적으로는 '봄비', 곧 '세상 속에 내린 봄비'가 되겠지만, 그것은 곧 하나님이 우리에게 내려주신 은총, 다시 말해 '내 마음속에 내린 봄비'— 나를 위로해서 내려 주신 '주님의 은총'이다.

봄비가 내리면 대지의 마른 목들이 해갈되고, 깊은 잠 속에 빠져 있던 생명체들이 늘어진 하품을 하면서 봄비의 혜택에 감읍해 한다. 우리 인간도 여기서 예외는 아니다. 그래서 구약성서(스가랴)에서는 이 문제를 아예 노골적으로 이렇게까지 기록해 놓고 있다. "봄비가 올 때에 여호와 곧 구름을 일게 하시는 여호와께 비를 구하라. 무리에게 소낙비를 내려서 밭의 채소를 각 사람에게 주시리라."(슥 10:1) 즉 하나님께 간구만 하면 봄비가 채소를 잘 자라게 하여, 바벨론 포로생활로 지쳐 있었던 백성들에게, 마치 옛날 광야에 만나를 내리셨던 것처럼 생명의 먹을거리를 주실 것이라는 약속이다.

좀 다른 이야기이지만, 대중 가수들이 즐겨 부른 가요의 가사 중에도 "봄비, 나를 울려주는 봄비, 언제까지 내리려나 봄비…"라는 노랫가락으로 다수의 대중들을 오랫동안 사로잡아온 바도 있었지만, 봄비는 미물(동식물)들에게나 인간들에게나 은혜의 상징이다. 봄비는, 특히 주님과 교통하는 인간에게는 그의 마른 영혼 속의 두려움을 씻어내고 대신 그 속의 자아(나)를 추슬러 사랑이신 주님의 따스한 옷을 덧입게 하는 놀라운 힘의 원천이다. '위로부터 오는 선물' 봄비는 식물들에게는 단순한 성장의 에너지에 불과할는지 모르지만, 인간들에게는 확실한 구원의 은총이라고 하겠다.

흑암과 오욕 가운데 사는 인간들에게는 그 삶을 밝고 맑게 해주는 봄비의 소망이 반드시 필요하다. 그 봄비를 맞아야만 싱싱하고 생동감 있게 살아갈 수 있고, 또 그 봄비에 의해 악한 죄의 소굴에서 벗어날(소생할) 수도 있을 것이다. 그러므로 그 봄비는, 궁극적으로는 예수 그리스도이시다. "사방四方 짓누르는 / 세상의 어둠을 씻어내어 / 사랑의 은총…"을 덧입게 하실 분은 오직 예수 그리스도일 뿐이다. 내 '마른 영혼'을 소생시키시고 '사랑의 덧옷'으로 감싸 안으실 분, 또한 우리를 죄악의 골짜기에서 구원해 내실 분은 오직 예수 그리스도이시다. 시인

(화자)의 기본 뜻은 이 문제에 포커스가 놓여 있다고 보겠지만, 이 시에서는 이를 온건히 은유적으로 표현해 놓았을 뿐이다.

다음은 제2부 중의 「오늘의 섬」에 대해서이다. 이 시집의 표제작이기도 한 시편이다.

　　오늘의 섬은
　　등 기댈 벗 하나 없이
　　홀로 서서
　　오늘을 보내고 있다

　　눈을 뜨면
　　칼 끝으로 서늘히 그은
　　세상의 냉정한 수평선
　　귀를 열면
　　갈매기 노래를 닮은
　　세상의 이명耳鳴

　　삶은 섬이다
　　망망한 안개세상
　　번뜩이는 비바람이 친구일까

아슴아슴 외로운 길을

등대를 바라보고 가듯
고독한 걸음으로
하늘의 등대를 바라보고 간다
　　　　　　　―「오늘의 섬」 전문

 이 시는 섬의 이미지를 끌어들이고 있다. 여기서의 섬은 절해고도絶海孤島에서의 그 고도孤島와도 같은 섬이다. 망망대해茫茫大海 한가운데 고립돼 있는 고독한 섬, 외로운 섬이다. "등 기댈 벗 하나 없이 / 홀로 서서"란 시구에서 그 점이 여실히 드러나고 있다. 그 섬이 등조차 기댈 벗 하나 없다고 했으니, 그 섬은 결국 고독한 인간의 은유라고 볼 수 있다. 그 외로운 인간이 "오늘을 보내고 있다."라고 했으니, 그러한 인간과 시간적으로 어울리게 되는 오늘이란 시점時點 역시 궁극적인 세계를 내포한 그런 시제時制라고 보겠다. 그렇기 때문에 그 고독한 인간이 살아가는 오늘이란 시간대 역시 타인에게는 회의적 시제로 보일 수밖에 없겠다.

 "눈을 뜨면 / 칼 끝으로 서늘히 그은 / 세상의 냉정한 수평선" 그 고독한 인간이 눈을 떴을 때 앞에 보이는 것이란, 현세에서의 냉정하게 그려져 있는 수평선 밖에 없는데, 그 수평선마저도 칼 끝으로 서늘한 느낌이 들도록 선명하게 각인시켜 놓은 것이어서, 그것을 바라보는 감정이란 거의 무슨 3·8선을 바라보는 그것과 하등 다를 바 없을 그런 선線일 뿐이리라. 그가 무엇을 바라보며 위로를 받고 또 소망을 가질 수 있을 것인지….

"귀를 열면 / 갈매기 노래를 닮은 / 세상의 이명耳鳴" 그 외로운 인간이 귀를 열었을 때도 들리는 소리란 오로지 소란스런 갈매기 떼들의 부르짖음과도 같은 속세의 귀울림[耳鳴] 현상뿐이다. 이명, 곧 귀울림(귀울음) 증세는 그의 청각 능력이 일종의 병적인 상태에 이르렀음을 가리킨다. 그러니 그 상태의 귀[耳]가 프랑스 시인 장 콕토의 〈소라 껍질〉이란 시에서처럼 "내 귀는 소라껍질 / 바닷소리를 그리워한다."와 같은 순탄한 경지에 처해 있기를 바랄 수는 없는 일임이 분명하다고 보겠다.

"삶은 섬이다 / 망망한 안개 세상 / 번뜩이는 비바람이 친구일까 / 아슴아슴 외로운 길을" 우리(인간)의 삶은 마치 망망한 안개바다속의 외로운 섬의 처지와도 같다는 것이다. 번뜩이는 비바람이 잠시 현란하게 보였다고 하여 영원히 친구로 삼듯 그렇게 가까이할 조건이 되겠는가. 아슴푸레하게도 외로운 나의 길은, 숙명적이라고 나 할까, 아래와 같이 살아가지 않으면 안 되리라.

"등대를 바라보고 가듯 / 고독한 걸음으로 / 하늘의 등대를 바라보고 간다" 마치 풍랑 속의 길 잃은 돛단배가 등대를 찾아 따라가지 않을 수 없듯이, 나는 비록 괴롭고 외로운 발걸음을 걸을지라도 '하늘의 등대'를 푯대 삼아 바라보고 가겠다는 것이다. 여기서 시인(화자)의 뜻은 역시 분명해졌다. 오로지 하늘의 등대이신 주님만을 따라가겠다는 것이다. 예수 그리스도를 삶의 확실한 등대(푯대)로 삼아, 이 외로운 인생길을 후회 없이 살아가겠다는, 확고한 신앙 의지가 이 시의 마지막 대문을 견고하게 붙들어 매었다고 본다.

다음으로 「마음의 길」에 대해서이다.

> 저녁노을에 흔들리는
> 나목裸木의 잔가지가
> 서럽게 서서
> 겨울날의 길을 본다
>
> 걸어온 길이 꽃길만인가
> 덩굴길과 돌밭길
> 봄길과 가을길을 지나

이제 마음의 길을 간다

평화와 사랑의 길을
한 걸음 한 걸음 다가가면
어둠이 사라지고
빛의 길이 훤히 보이려니

세상의 길은
영원할 수 없으나
마음속에서
빛으로 만든 길은
끝이 보이지 않는다　　　—「마음의 길」전문

　시「마음의 길」은 기·승·전·결起承轉結로 이어지는 정연한 시 형식을 보여주고 있다. 여기서 기起의 연에 해당하는 "저녁노을에 흔들리는 / 나목裸木의 잔가지가 / 서럽게 서서 / 겨울날의 길을 본다"라고 한 첫 연은 퇴령, 즉 고령에 이른 화자話者 자신의 흘러간 세월에 대한 진솔眞率한, 자기반성의 회억回憶이라고 볼 수 있다. 무성하던 잎들이 다 떨어져 잔가지들만 남은 쓸쓸한 나목이 저녁노을에 흔들리면서 겨울날의 길을 바라보니, 남은 것은 냉혹한 현실의 절망감과 그에 따른 차가운 한숨뿐이지 않겠는가.

승承의 연에 해당하는 제2연은 "걸어온 길이 꽃길만인가 / 덩굴길과 돌밭길 / 봄길과 가을길을 지나 / 이제 마음의 길을 간다"라고 하였다. 꽃길만이 아닌 덩굴길과 돌밭길도 걸었으며, 꽃피는 봄길만이 아닌 조락凋落의 가을길도 지나서, 첫 연에서 이미 밝혔듯, 겨울길(겨울날의 길)까지 걸어갔었던 내가, 이제 더 이상 어디로까지 갈 수 있을 것인가. 전轉의 연을 위한 발걸음을 띠기 위해서라도, 이제 가야 할 길은 '마음의 길'이 되어야 하지 않겠는가. 그러나 그 '마음의 길'에서의 마음이란 것도, 악한 마음도 있고, 독한 마음도 있으며, 또 악독한 마음도 있을진대 이제 어느 마음으로 기울어지게 될지 알 수 없는 일이겠다. 정녕 성령의 도우심이 없이는….

전轉의 제3연은 "평화와 사랑의 길을 / 한 걸음 한 걸음 다가가면 / 어둠이 사라지고 / 빛의 길이 훤히 보이려니" 하고 새 국면 전환에 대한 안도감으로부터 시작한다. 직전 연에서 보았던 그 '마음의 길'이 성령의 도우심으로 긍정적인 길, 곧 '평화와 사랑의 길'로 진입되었음은 너무도 다행스런 일이다. 한 걸음 한 걸음 평화의 길, 사랑의 길로 접어들었더니 너무도 당연히 과거의 그 어둠의 길은 사라지고 '빛의 길'이 훤히 열리는 것을 보게 되었다는 것이다. 그 빛의 길이란 바로 주님께서 가신 길이요, 예수 그리스도께서 인도하시는 길이니 그가 구원의 길로 인도되었음은 너무도 당연한 결과가 아니겠는가.

 결結의 마지막 연은 "세상의 길은 / 영원할 수 없으나 / 마음속에서 / 빛으로 만든 길은 / 끝이 보이지 않는다"고 하였다. 세상의 길은 주님이 걸어가신 길이 아니므로 결코 영원할 수가 없지만, 그리스도인의 마음속에 광명의 빛으로 향하도록 닦아 놓은 길은 당연히 끝이 보이지 않는 무한한 길, 무궁한 길이며 또 영원으로 통하는 길일 수밖에 없겠는데, 이는 곧 주님은 영원하신 분이기 때문이다. 시인은 이 영원한 길을 자신의 마음의 길로 택하고 오직 그 길로만 행함으로써 구원에 이르게 될 것이 확실시된다.

  모란시장 오일장터에는
  닭과 토끼와 강아지
  울릉도 호박엿까지
  만물상 장터다

  시끌대는 좌판 속을

까다로운 입맛 다시며
빈 손으로 지나면
시간만 구겨진 휴지가 된다

잠도 없이 두 눈을 부릅뜬
시간의 장터에서
세월노랠랑 내려놓고

도망가려는 빛살을 잡으려
핏줄을 세워 보았는가
세월의 문고리를 잡으려
손을 들어 보았는가

그 분의 지문이 찍힌
삶의 지도를 찾아
곧은 마음 앞세워
세상시장 속 시간의 장터에
등불 켜 들고 나선다 ―「시간의 장터」 전문

  이 시詩에서는 '시간의 장터'와 '공간의 장터'가 대비적으로 나타나고 있다. 모란장터(모란시장 오일장터)는 공간의 장터이다. 그리고 마지막 연에 나오는 '세상시장'이라고 하는 장터 역시 모란장터와도 같은 공간의 장터일 터이다. 공간의 장터에서는 닭과 토끼와 강아지 같은 동물(가축)들이 거래되고, 울릉도 호박엿… 같은 고객들이 좋아하는 식품도 취급되고 있다. 즉 만물상萬物商의 장터이므로 늘상 시끌벅적한 곳이 바로 그 장터라고 할 수 있겠다.

그런데 시인은, 사람들이 그런 데서 오로지 목숨을 부지하기 위한 시간만 죽이고(축내고) 나면 아무짝에도 쓸모없는 존재가 되는 게 아니겠느냐고 점잖게 꾸짖는 것으로 보인다. 귀중한 시간만 허비함으로써 마치 구겨진 휴지조각같이 무가치한 존재로 취급될 수도 있을 것임을 상당히 우려하고 있는 것 같다. 공간의 장터에서 단지 우리 목숨 부지하기에만 골몰한 삶을 산다는 게 과연 무슨 의미가 있는 것인가, 라고 다소 철학적인 방향의 반박적인 질문을 던지고 있는 것이다.

그렇다고 모란장터로 대표되는 이 세상시장, 곧 현세의 장터를 우리가 무조건 무시할 수 있는 것은 아니겠다. 허다한 필부필부匹夫匹婦, 장삼이사張三李四 들이 모두 이 생존의 터를 중심으로 생명을 이어가고, 또 그들을 중심으로 허다한 후세들도 승계되고 있으며, 또 거기에는 그 나름의 삶의 질서가 존재하기 때문이다. 어떤 면에서는 이 장터가 다른 관점에서 긍정적으로 수용되기도 한다. 바흐친이라는 러시아 문학자는 장터 곧 시장을 카니발의 세계관이 지배하는 공간이라고 하여 예찬한 바 있다. 자유(해방)와 평등의 정신이 지배하고, 민중적 특성이 강하며, 다양성이 허용되는, 이른바 카니발의 세계관이 통하는 특유의 세계라고 하여 그 장터를 아주 긍정적으로 평가하였다.[1)]

그런데, 문제는 이들이 철학적인 질문(의문)의 대상만이 되어서는 안 되겠다는 것이다. 이들은 종교적(신학적?) 차원의 질문도 던져져야 할 대상으로 보아야 한다는 것이다. 그 때문에 시인은, 새로이 '시간의 장터'를 내세우고 있다. 공간의 장터와 대비되는 시간의 장터! 우리는 아직 예(여기)까지는 미처 생각을 해보지 못했던 것이 아니었던가 싶다. 그러나 시인은, 우리가 육체의 시각으로 볼 수 있는 '공간의 장터' 외에 영靈의 시각으로 바라보아야 할 '시간의 장터'를 운위하지 않으면 안 될 것이라고 그의 시 속에서 역설力說하는 셈이다.

공간의 장터는, 반드시는 아니더라도, 혼돈(카오스, chaos)이 더 많이 지배하는 공간이라고 볼 수 있다. 그 때문에

---

1) 임영천, 「한국 현대소설과 기독교 정신」(국학자료원, 1998), p.303-304, 308-309 등 함께 참조.)

유대계 독일의 철학자인, 소위 대화의 철학자 마르틴 부버(Martin Buber) 식의 '나와 너'(Ich und Du)의 관계가 제대로 형성되기는 어려우며, 오히려 그와는 달리 '나와 그것'(I and it)의 관계가 더 많이 판을 치는 그런 공간이 될 공산이 크다고 보겠다.

모란장터를 대표적인 사례로 본다고 치더라도 상인商人인 '나'나 고객(손님) '나', 누구를 중심으로 본다고 하더라도 자기의 상대를 '목적' 그 자체로 보기보다는 '수단'으로만 대하게 되는 그런 관계이니 거기에 무슨 상호 인격적인 순리적 관계가 형성될 수 있겠는가. 그러므로 혼돈 아닌 질서(코스모스, cosmos)가 통할 수 있는 공간은 '나와 너'의 그 '너' 자리에 '그대'(Du 또는 Thou)로 대체되는 게 용납될 수 있는 공간, 곧 '시간의 장터'를 시인은 내세우게 된다. 여기서 '너'는 인간이지만 '그대'는 주님(예수 그리스도)인 것이다.

이때, 여기서의 시간은 크로노스(chronos)가 아닌 카이로스(kairos)의 시간이다. 카이로스는 영원한 것이 역사(시간) 속으로 돌진해 들어가서 새로운 시작(출발)을 알리는 시간을 가리킨다.[2) 달리 표현하자면, 크로노스의 수평선 위에 카이로스의 수직선이 다가가서 상접하게 되었을 때 하나님에 의해 새로 규정되는, 자기를 확대해 나가는 시간[3]이 바로 카이로스라고 할 수 있다. 시인은 이 카이로스 시간의 장터로 우리를 이끌어 가려고 한다.

"그 분의 지문이 찍힌 / 삶의 지도를 찾아 / 곧은 마음 앞세워 / 세상시장 속 시간의 장터에 / 등불 켜 들고 나선다" 그 분 곧 주님이 허락해(인정해) 주신, 죽음의 지도 아닌 '삶의 지도'를 찾아 가지고, 굽은 마음 아닌 '곧은 마음'을 앞세워, 그 시끌벅적한 세상시장의 수평선 위에 카이로스 시간 장터의 수직선을 접선시키면 무슨 일이 일어나도 일어나지 않겠는가, 하는 큰 기대로 밝은 등불 켜 들고 나설 때, 주님은 스스로 돕는 자를 도우시지 않겠는가 크게 기대해도 좋을 것 같다.

봄비 소리에
논마다 모를 심고
사랑을 심었다

모진 흉년에

---

2) 폴 틸리히, 「19-20세기 프로테스탄트 사상사」(한국신학연구소, 1980), p.291. 또는 잉게베르크 헤넬 편, 「폴 틸리히의 그리스도교 사상사」(한국신학연구소, 1983), p.23 이하.
3) 게르하르트 글뢰게, 「모든 날 중의 날」(한국신학연구소, 1983), p.165 참조.

허리는 휘고

빈 항아리에

먼지만 한 겨 두 겨다

아카시아 꽃잎으로

밥그릇 소복이

귀 떨어진 밥상에 드리는

눈물 한 상

어느 날인가

고운 사랑을 담은

한 가마니 흰쌀

이야기는

역사가 되어

세월이 실어 나르고

사랑은

새 날을 엮어 간다　　　—「어느 이야기」 전문

　이 시 「어느 이야기」는 '어느 사랑 이야기'로 읽힌다. 그 어느 '사랑'이 기독교적 배경과 관련이 있는지 그렇지 않은지 여부에 대해서는 굳이 답을 구할 필요가 없을 것 같다. 같은 값이면 기독교적 배경과 유관하다면 더 좋으련만, 그러나 꼭 그런 욕심을 낼 필요가 굳이 있겠는가. 그래도 어쩐지 그쪽으로 애착은 간다. 사도 바울은 고린도전서 13장 4~7에서 사랑을 이렇게 설파하였다.

"사랑은 오래 참고 사랑은 온유하며 시기하지 아니하며 사랑은 자랑하지 아니하며 교만하지 아니하며 무례히 행하지 아니하며 자기의 유익을 구하지 아니하며 성내지 아니하며 악한 것을 생각하지 아니하며 불의를 기뻐하지 아니하며 진리와 함께 기뻐하고 모든 것을 참으며 모든 것을 믿으며 모든 것을 바라며 모든 것을 견디느니라"라고 하였다.

이 시에서의 시혜자施惠者가 가난한 이웃[受惠者]에게, 이렇게도 어려운 사랑을 실천할 목적으로, "어느 날인가 / 고운 사랑을 담은 / 한 가마니 흰쌀"을 가져다 주었는지 우리는 알 수가 없다. 그러나 그 여부와 관계없이, 그 '한 가마니 흰쌀'을 기부한 사람이 그 사실을 이웃에게 자랑하지 아니했으며, 그 일로 무슨 부차적인 유익을 구하려고 하지 않았으며, 그 결과 그 한 가정이 건강하게 다시 설 것을 바라고 또 그러리라고 확실하게 믿고 있었다고 한다면, 아마도 그는 그리스도인의 사랑으로 그 일을 했을 가능성이 크다고 생각한다.

　그것은 이 시의 다음과 같은 마지막 연의 전개로 어느 정도 확실시 된다. "이야기는 / 역사가 되어 / 세월이 실어 나르고 / 사랑은 / 새 날을 엮어 간다"라고 했으니 말이다. 그런 이야기의 미담이 한 역사적 사실로 인정되고, 또 그 사실을 세월이 흘러가는 동안 사람들이 잊지 않고 실어 날랐으며, 마침내 그 아름다운 사랑의 동력으로 새 날이 엮여져 갔다고 했으니 두말할 필요가 없겠다.

　그리고, 그 새 날이 엮여져 갔다는 것은 이웃 신도들의 처지에서 보자면, 아무래도 그 한 가난했던 가정이 착실한 그리스도인의 가정으로 거듭나, 후에 앞서 자기 가정에 베풀었던 타인의 그 사랑을 이젠 이쪽에서 가난한 가정을 찾아 베푸는 지경으로까지 역전되었음을 암시하는 것으로 보아 좋을 것이다. 그래서 이 시는 단순한 '어느 이야기'가 '어느 사랑의 이야기'로 자동 성장하게 되는 셈이라 하겠다.

　　　창문으로 들어온 하늘에
　　　시를 쓰고 꽃을 노래하는
　　　시와 친구하며
　　　암과 뒤척이던 나날들

얼굴 본 적 없어도
시 속에서 만난
언어를 잃어버린 여린 여인

검은 비 내리던 날
꽃잎은 비바람에 떨어지고
단풍 들기 아직 먼 오월
푸른 잎 폭우에 찢어졌다

두고 간 여행지의 긴 이야기는
시가 되고
그리운 이들과 나눈 사랑은
노래가 되어
빛난 보좌 앞에
영광 높여 드리리라

삶은 머뭇머뭇하기엔 너무 짧아
웃고 울며 잡은 시간들은
백합화 같은 은혜
시 속에 속삭임이
함께 울먹인다 —「시를 사랑한 여인」전문

시를 사랑한 어느 여女 시인에 관한 이야기가 독자를 울리며 마음을 숙연케 한다. 그녀는 오직 시만 사랑했던 여인이었던 같다. 창문으로 흘러들어 온 하늘에다 시를 쓰고, 또 꽃을 노래한 시와 친구 삼아 그렇게 초연히 살아갔지만 그녀에게는 피할 수 없는 암이란 운명의 굴레가 그녀를 힘겹게 만들어, 언어조차 마음대로 사용할 수 없는 지경에 떨어진 게 아닌가 싶다. 그런 여린 여인의 앞날이 이웃의 관심거리였겠지만 하늘은 그녀를 이 세상에 남겨두려 하지 않았던 것으로 보인다.

"검은 비 내리던 날 / 꽃잎은 비바람에 떨어지고 / 단풍 들기 아직 먼 오월 / 푸른 잎 폭우에 찢어졌다" 불길한 조짐을 보이는 '검은 비'가 내리던 어느 날, 꽃잎으로 남겨진 그녀는 거센 비바람에 떨어져, 단풍도 들기 아직 멀었던 어느 오월에, 그녀의 푸르렀던 일생은 거센 폭우로 인해 찢어져, 떨어져 버리고 말았다. 그러나 그녀는 이 세상(여행지)에 머물렀던 순간의 일들을 그가 사랑했던 시를 통해 이야기로 남겨 놓음으로써, 천상병 시인의 「귀천」과도 같은 효력을 이 세상에 남아 있는 사람들에게 들려주게 된 것 같다.

"두고 간 여행지의 긴 이야기는 / 시가 되고 / 그리운 이들과 나눈 사랑은 / 노래가 되어 / 빛난 보좌 앞에 /

영광 높여 드리리라" 그녀가 살았던 이 세상에서의 이야 깃거리들은 독자들의 가슴을 울리는 감동적인 시가 되고, 또한 남은 그들과 나누었던 사랑의 일화들은 소위 한 편의 복음성가가 되어, 주님의 빛난 보좌 앞에 영광을 높여 드릴 것이라고 했으니, 아마도 남은 시인의 처지에서 보더라도 가신 그녀는 하늘과 땅 어느 쪽으로부터도 사랑을 받는 '사랑의 시인'으로 남을 것으로 보인다.

우리의 삶은 머뭇거리기엔 너무 짧은 시간이어서, 현세에서 웃고 울며 지낸 그 세월(시간들)은 실로 주님이 우리에게 주신 '백합화 같은 은혜'였다는 사실을 안다면, 우리도 그 은혜를, 그 가신 여 시인과 같이 시 속에 담아 함께 속삭임이 모두에게 감동적인 일이 되지 않을까 여겨진다. 일반적으로 '시인은 위대하다'는 사실을 알지만, 이 여 시인이 참으로 위대하구나, 하는 깨달음을 얻게 되면서, 우리 남아 있는 시인(문인)들도 큰 자부심을 갖고 주님의 백합화 같은 은혜를 함께 받는 자리에 동참하게 되기를 애써 기대한다. 또한 이 좋은 시를 통해 우리를 이런 각성에 이르게 한 권은영 시인에게 함께 박수를 쳐 드리지 않을 수 없다.(*)

권은영 시집

오늘의 섬

초판 발행일 2024년 10월 21일

지은이 권은영
펴낸이 임만호
펴낸곳 창조문예사
등 록 제16-2770호(2002. 7. 23)
주 소 서울 강남구 선릉로112길 36(삼성동) 창조빌딩 3F(우 : 06097)
전 화 02) 544-3468~9
F A X 02) 511-3920
E-mail holybooks@naver.com

임편집 김미정
디자인 이선애
제 작 임성암
관 리 양영주

ISBN 979-11-91797-56-5 03810
정 가 10,000원

※ 잘못된 책은 바꾸어 드립니다.